DIALEKTFORSCHUNG UND MASCHINENSPRACHE

DISKUSSIONSFORUM AN DER ÖAW AM 18. JÄNNER 2019

ÖAW

INHALT

VORTRÄGE

DIGITALE SPRACHWISSEN-SCHAFT – HERAUSFORDE-RUNGEN UND PERSPEKTIVEN

ALEXANDRA N. LENZ

Der vorliegende Beitrag setzt sich zum Ziel, die Herausforderungen und Möglichkeiten digitaler Zugänge aus der Perspektive der *Digitalen Sprachwissenschaft* zu beleuchten. Dabei soll *Digitale Sprachwissenschaft* hier ganz allgemein verstanden werden als Sprachwissenschaft, die sich bei ihren Forschungsvorhaben digitaler Methoden und Werkzeuge bedient. Dies beinhaltet erstens Forschungsprozesse der Generierung und Erschließung von sprachwissenschaftlich relevanten Daten, zweitens die Aufbereitung und Anreicherung der Daten (z. B. in Form von Transkriptionen und Annotationen), drittens die Analyse und Interpretation von Forschungsfragen sowie viertens die digitale Bereitstellung der erhobenen, aufbereiteten und analysierten Daten.

FORSCHUNGSDATEN GENERIEREN UND ERSCHLIESSEN

Die Erhebung von Sprachdaten ist ein komplexer Prozess, zu dessen Durchführung mittlerweile eine Fülle von digital bzw. von Computern unterstützten Verfahren zur Verfügung steht. Dies betrifft sowohl die Erhebung von medial schriftlichen als auch medial mündlichen Daten. Neben dem Einsatz von digitalen Aufnahmegeräten, die für eine Digitalisierung des Sprachschalls zeitgleich zur Erhebung sorgen, ermöglicht etwa der Einsatz von Experimentsoftware, diverse multimediale Stimuli (Bild, Ton, Video), die den ProbandInnen in einer Erhebungssituation vorgegeben werden, standardisiert und einheitlich zu präsentieren und gleichzeitig den Erhebungsverlauf digital und zeitlich exakt zu dokumentieren. Dies ist ein enormer Gewinn im Vergleich zu traditionellen Verfahren der Datenerhebung im Face-to-Face-Kontakt, in denen die explorierenden ExpertInnen sprachliche Stimuli den Gewährspersonen selbst vorsprechen bzw. Aufgabenstellungen mündlich formulieren und dabei zumindest potenzielle Beeinflussungsfaktoren darstellen. Des Weiteren ermöglichen digitale Aufnahmegeräte und -software eine automatisierte Segmentierung der Aufnahme in verschiedene Einzelaufnahmen (Stichwort „Time-Alignment"), was nicht nur das Auffinden bestimmter Audiopassagen erleichtert, sondern auch eine Verknüpfung zwischen einem Transkript und der Sprachaufnahme bedeutet. Im Hinblick auf schriftsprachliche Daten sind derweil Online-Erhebungen (oft natürlich als Ergänzung zu Offline-Erhebungen) sehr üblich. Neben forschungspraktischen Aspekten ist auch hier die Standardisierung von auditiven und visuellen Stimuli ein wesentlicher Pluspunkt einer digital unterstützten Erhebung. In jüngster Zeit werden auch zunehmend online verfügbare Sprachdaten zum Aufbau von vor allem schriftsprachlichen Korpora herangezogen (z. B. Onlinezeitungen, Diskussionsforen oder soziale Netzwerke wie Twitter und Facebook).

Neben der Erhebung „neuer" gesprochener oder geschriebener Sprachdaten bietet es sich je nach Forschungsvorhaben an, auf bereits verfügbare „Rohdaten" zurückzugreifen. Zur Sicherung, Erschließung und Bereitstellung dieser Daten liefern digitale Zugänge einen wesentlichen Beitrag. Dies soll im Folgenden am Beispiel dreier wertvoller

historischer Schätze der Dialektologie des Deutschen illustriert werden.

Beispiel I: Die „Wenkermaterialien" Ende des 19. und Anfang des 20. Jahrhunderts

Ende des 19. Jahrhunderts beginnt der Marburger Dialektologe Georg Wenker mit einer einmaligen Dialekterhebung zu seinem „Sprachatlas des Deutschen Reichs".[1] Die Haupterhebung für das Atlasprojekt fand zwischen 1876 und 1887 statt. In den Jahren 1888 sowie 1926 bis 1933 folgten weitere Nacherhebungen, die auch andere vor allem deutschsprachige Länder und Regionen abdeckten, darunter Österreich, die Schweiz, Luxemburg, die deutschsprachigen Gebiete der ehemaligen Tschechoslowakei und andere. Die Wenker-Methode war eine einfache, aber zielführende: Ein zweiseitiger Fragebogen wurde in alle Schulorte versandt, mit der Bitte an die dortigen LehrerInnen, ca. 40 vorgegebene

---

[1] Zu einer ausführlichen Darstellung des Wenker-Projekts sei verwiesen auf: Schmidt, Jürgen Erich / Herrgen, Joachim (2011): Sprachdynamik. Eine Einführung in die moderne Regionalsprachenforschung. Berlin: Erich Schmidt (Grundlagen der Germanistik 49), 97–107; dazu auch: www.regionalsprache.de / wa.aspx.

Sätze in den Dialekt des Schulortes zu übersetzen. Kam die Lehrkraft selbst nicht aus dem Ort, sollten die ortsansässigen SchülerInnen bei der Übersetzung behilflich sein. Während auf der Vorderseite eines Wenkerbogens die (in der Regel handschriftlich in Kurrent angefertigten) Dialektübersetzungen Platz fanden, diente die Rückseite zur Erhebung weiterer relevanter Daten wie etwa der Sozialdaten der Lehrperson, weiterer Fragen zum Ort (etwa zu seiner sprachlichen Zusammensetzung) oder auch zur Abfrage weiterer isolierter Dialektwörter. In Abbildung 1 sind Teile der Vorder- und Rückseite eines Wenkerbogens aus dem Burgenland abgebildet.

Durch Wenkers Projekt liegen der Dialektologie des Deutschen heute insgesamt rund 52.000 ausgefüllte Wenkerbögen und mehr als 1.600 auf diesen Fragebögen basierende handgezeichnete Sprachkarten vor. Das Material konnte aufgrund seines Umfangs, der Kartengrößen und ihrer Farbvielfalt bis zum Beginn dieses Jahrtausends nicht publiziert werden. Erst im Rahmen eines groß angelegten DFG-Projekts (2001ff.) haben wir in unserem Marburger Forschungsteam (Projektleitung: Prof. Dr. Jürgen Erich Schmidt und

Prof. Dr. Joachim Herrgen) eine erstmalige Erschließung, Sicherung und Onlinepublikation des Materials in Form georeferenzierter Bilddigitalisate vornehmen können, um diesen einmaligen Schatz der Wissenschaft und Öffentlichkeit zur Verfügung zu stellen. Die Georeferenzierung ermöglicht dabei ortspunktgenaue Verknüpfungen etwa zwischen den Wenkerbögen und den Wenkerkarten sowie zwischen verschiedenen Wenkerkarten, aber auch zwischen diesen und Sprachkarten bzw. Sprachdaten aus jüngeren Dialektkorpora, was insbesondere im Hinblick auf Sprachwandelanalysen neue Optionen eröffnet. Die später gezeichneten „Ergänzungskarten" von Peter Wiesinger, die dann unter anderem auch die österreichischen Fragebögen umfassen, sind wunderbarerweise ebenso Teil dieses erschlossenen einmaligen Korpus. Online zur Verfügung gestellt werden die Karten, Fragebögen und viele weitere Dialektmaterialen (inklusive Tonaufnahmen, Forschungsliteratur) über das Geographische Informationssystem (GIS) „REDE-SprachGIS" des Marburger Forschungszentrums „Deutscher Sprachatlas" (www.regionalsprache.de).

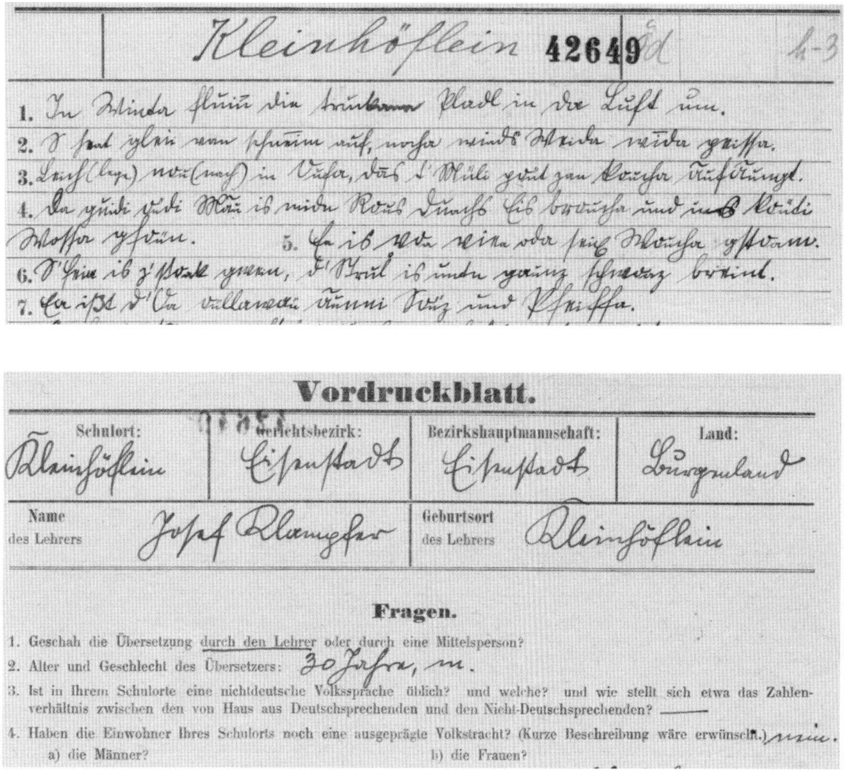
Kleinhöflein 42649

Vordruckblatt.

Schulort:	Gerichtsbezirk:	Bezirkshauptmannschaft:	Land:
Kleinhöflein	Eisenstadt	Eisenstadt	Burgenland

Name des Lehrers: Josef Klamgher — Geburtsort des Lehrers: Kleinhöflein

Fragen.

1. Geschah die Übersetzung durch den Lehrer oder durch eine Mittelsperson?
2. Alter und Geschlecht des Übersetzers: 30 Jahre, m.
3. Ist in Ihrem Schulorte eine nichtdeutsche Volkssprache üblich? und welche? und wie stellt sich etwa das Zahlenverhältnis zwischen den von Haus aus Deutschsprechenden und den Nicht-Deutschsprechenden? ——
4. Haben die Einwohner Ihres Schulorts noch eine ausgeprägte Volkstracht? (Kurze Beschreibung wäre erwünscht.) nein.
   a) die Männer? b) die Frauen?

Abb. 1: Vorder- und Rückseite (jeweils Ausschnitt) eines Wenkerbogens aus Kleinhöflein (Eisenstadt im Burgenland); publiziert auf: www.regionalsprache.de.

Beispiel II: Korpus „Österreichische Dialektaufnahmen im 20. Jahrhundert"

Als zweites Beispiel zur Erschließung historischer Materialien mit digitalen Methoden dient das Korpus „Österreichische Dialektaufnahmen im 20. Jahrhundert", das im Phonogrammarchiv (PhA) der ÖAW aktuell noch größtenteils auf Magnettonbändern lagert. Dieses Korpus umfasst ca. 2.450 Dialektaufnahmen (vor allem elizitierte und spontansprachliche Gespräche) von ca. 1.000 Ortspunkten in Österreich aus der zweiten Hälfte des letzten Jahrhunderts (vor allem 1951–1983, aufgenommen unter der Leitung von Maria Hornung, Eberhard Kranzmayer, Werner Bauer, Herbert Tatzreiter und anderen). Der Kernbestand der Aufnahmen wurde jüngst von der UNESCO in das „Weltdokumentenerbe in Österreich" aufgenommen, was den Wert dieser Dialektaufnahmen für das kulturelle Erbe unterstreicht. Neben Tonaufnahmen gehören handschriftliche Protokolle zum Korpus, die wesentliche Metadaten zu Inhalten der Aufnahmen, den Sprechenden und anderem bereithalten (siehe Abbildung 2). Dieser einmalige Schatz der österreichischen Dialektlandschaft

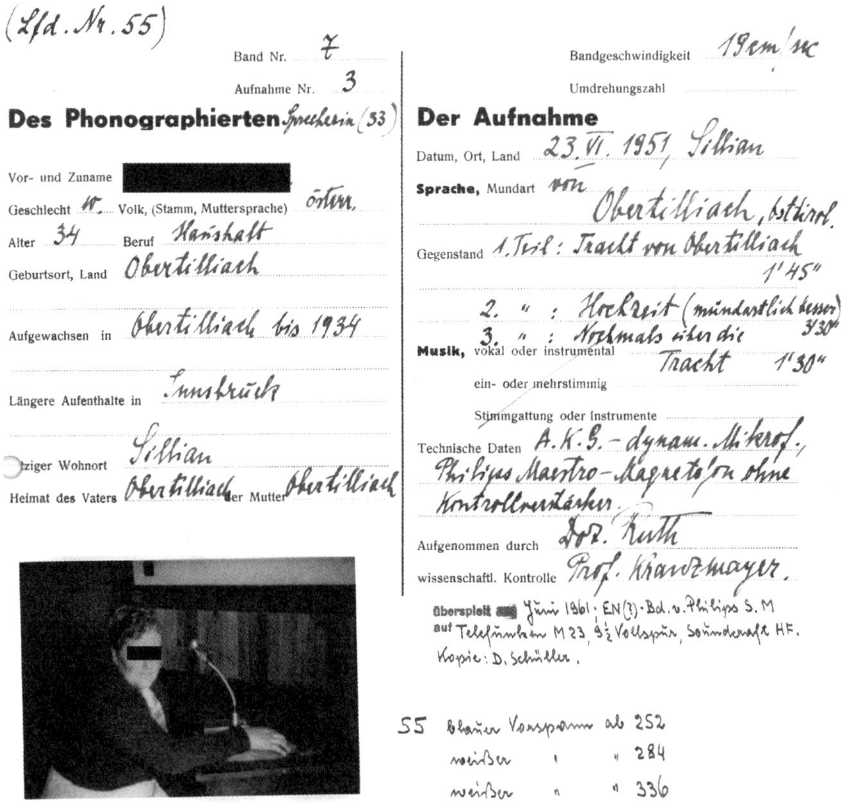

Abb. 2: Aufnahmeprotokoll einer Sprachaufnahme aus Sillian von einer gebürtigen Obertilliacherin aus dem Jahr 1951 (Korpus „Österreichische Dialektaufnahmen im 20. Jahrhundert").

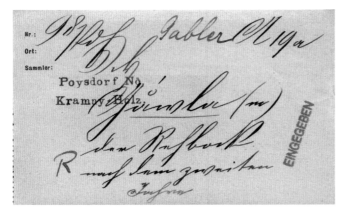 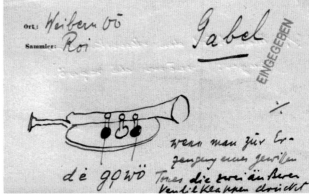

Abb. 3: Handzettel aus dem Hauptkatalog des „Wörterbuchs der bairischen Mundarten in Österreich" (WBÖ).

aus dem letzten Jahrhundert muss gehoben werden. Im Rahmen einer Kooperation zwischen dem Phonogrammarchiv der ÖAW und unserer Forschungsabteilung „Variation und Wandel des Deutschen in Österreich" am Austrian Centre for Digital Humanities (ACDH) der ÖAW wird das Ton- und Dokumentationsmaterial erstmals vollständig erschlossen und in Form von digitalisierten Ton- und Bilddateien gesichert und für Forschungszwecke aufbereitet.[2]

Beispiel III: Hauptkatalog des „Wörterbuchs der bairischen Mundarten in Österreich"

Eine dritte wertvolle Datenquelle zu den Dialekten Österreichs und darüber hinaus stellen die Zettel des Hauptkatalogs des „Wörterbuchs der bairischen Mundarten in Österreich" (WBÖ) dar. Dieser Katalog umfasst ca. 3,6 Millionen handschriftliche Belegzettel, die vor allem auf umfangreichen Fragebogenerhebungen und Literaturexzerpten basieren. Die Beispiele in Abbildung 3 illustrieren, dass mitunter auch Zeichnungen herangezogen wurden, um die Bedeutungsvarianten eines Wortes (Beispiel *Gabel*) zu verdeutlichen. Im Rahmen des 2016 neu aufgestellten Langzeitprojekts „Wörterbuch der bairischen Mundarten in Österreich" (WBÖ) am ACDH sind wir dabei, auch diese einmaligen Rohdaten zum Wortschatz österreichischer Dialekte in Form hochauflösender Bilddigitalisate zu sichern und online zur Verfügung zu stellen. Bislang sind bereits ca. 12 % des Materials digitalisiert.[3]

---

[2] Nähere Informationen finden Sie auf: https://vawadioe.acdh.oeaw.ac.at/projekte/dialekt-aufnahmen-20-jh/.

[3] Nähere Informationen zum Projekt sowie zum Hauptkatalog des WBÖ und seiner langen Geschichte finden Sie auf der Projektseite: https://vawadioe.acdh.oeaw.ac.at/projekte/wboe.

Wie am Beispiel der drei exemplarischen Datenquellen und der mit ihnen verbundenen Forschungsprojekte deutlich wird, leisten digitale Verfahren einen höchst wertvollen Beitrag zur Bereitstellung und Sicherung von (auch historischen) „Rohdaten", sei es einerseits durch die Digitalisierung als Bild-, Vektor- oder Tondatei sowie andererseits durch die parallele Datenbeschreibung und Datenstrukturierung.

FORSCHUNGSDATEN ANREICHERN

Oft bedarf es natürlich weiterer Schritte der Datenaufbereitung, die weit über die Digitalisierung von „Rohdaten" hinausgehen. Die Volltexterfassung, das heißt die Übertragung von Daten in maschinenlesbare Formate, ist dabei ein zentraler Prozess. Als Beispiel dient wiederum der WBÖ-Hauptkatalog (siehe oben). Beginnend mit dem Buchstaben *D* wurden zwischen 1993 und 2011 ca. 2,4 Millionen Handzettel manuell in eine digitale Belegdatenbank im TUSTEP-Format eingegeben. Die alten TUSTEP-Daten wurden mehrfach und zuletzt 2019 am ACDH in XML / TEI konvertiert und damit in

ein modernes Standard-Dokumentenformat überführt. Im Rahmen des WBÖ-Projekts wurde die deutlich optimierte und bereinigte WBÖ-Datenbank jüngst erstmals online zugänglich gemacht, und zwar über unser neues „Lexikographisches Informationssystem Österreich" (LIÖ) (siehe https: / / lioe.dioe.at und unten). Unabhängig von technischen Bedingungen (wie der Frage nach dem Dateiformat) ist aber zunächst die grundsätzliche Frage zu klären, mit welchem Transkriptionssystem und in welcher Transkriptionstiefe eine Verschriftlichung von Sprachdaten erfolgen soll. Diese Entscheidungen hängen maßgeblich von der fokussierten Systemebene ab und damit von der Frage, ob eine Analyse der Lautebene, der Morphologie oder Syntax, des Wortschatzes oder anderer Aspekte vorgenommen werden soll. Im Hinblick auf den Mehrwert, den digitale Zugänge zur Datenanreicherung liefern, sind vielfältige Möglichkeiten der datensichernden und wiederverwertbaren Volltexterfassung zu nennen, die auch den Ausgangspunkt für zumindest halbautomatisierte Transkriptionen und Annotationen darstellen können. Eine besonders zugängliche und nachhaltige Vernetzung von Daten

sind natürlich Sprachdatenbanken, die auch Umstrukturierungen, Klassifizierungen und andere Arten der Datenanreicherungen ermöglichen, welche ohne informationstechnologische Werkzeuge in den meisten Fällen unmöglich erscheinen. Die Datenanreicherungen stellen zwar einerseits den Ausgangspunkt für weiterführende quantitative und qualitative Analysen dar, die Ergebnisse dieser Analysen fließen aber wiederum in das Korpus zurück, sodass hier von starken Wechselbeziehungen auszugehen ist.

FORSCHUNGSDATEN ANALYSIEREN

Der Mehrwert, den digitale Zugänge im Hinblick auf Forschungsanalysen haben, kann hier natürlich nur angedeutet werden. Ich möchte dies an einem Beispiel aus unserer aktuellen Forschung tun.[4] Der Ausgangspunkt ist eine Sprachkontaktthese,

---

[4] Zur ausführlichen Darstellung und Interpretation der folgenden Beispielanalyse sei verwiesen auf: Lenz, Alexandra N. / Fleißner, Fabian / Kim, Agnes / Newerkla, Stefan Michael (eingereicht): GIVE as a German PUT verb – A case of German-Czech language contact?

```
entry xmlns="http://www.tei-c.org/ns/1.0" xml:id="f246_qdb-d1e31470" n="2416844" source="#orig-f246_qdb-d1e31470">
  <form type="hauptlemma" xml:id="tu-380815.384_34">
    <orth>Fēim</orth>
  </form>
  <gramGrp>
    <pos>Subst</pos>
  </gramGrp>
  <form type="lautung" n="1" xml:id="tu-380815.384_39">
    <pron xml:lang="bar" notation="teutonista">F~oãᵃm</pron>
  </form>
  <sense corresp="this:LT1" xml:id="tu-380815.384_4">
    <def xml:lang="de">Schaum</def>
  </sense>
  <cit type="kontext" n="1" xml:id="tu-380815.384_43">
    <quote xml:lang="bar">d' Soaf mǫchd an schęň Foaᵃm</quote>
    <interp>Fg:A16U21</interp>
    <def xml:lang="de">die Seife macht einen schönen Schaum</def>
    <note type="anmerkung" resp="B">Tilde über <pRef>aᵃm</pRef></note>
  </note>
    <ref type="fragebogenNummer" xml:id="tu-380815.384_42">52M20: schäumen, Syn.</ref>
  </cit>
  <re type="zusatzlemma" xml:id="tu-380815.384_45">
    <form>
      <orth>Sēifeschǒn</orth>
    </form>
  </re>
  <ref type="archiv" xml:id="tu-380815.384_33">HK 246, f246#1140.1 = feil0516.eck#48.1</ref>
  <ref type="quelle" xml:id="tu-380815.384_35">Gerolding, Lenz</ref>
  <ref type="quelleBearbeitet" xml:id="tu-380815.384_36">{6.1n02} Dunkelstn.Wd.:nöMostv.:nMostv.:öMostv.:Mostv.:NÖ </ref>
  <ref type="bibl" corresp="this:QDB">
    <bibl>FbB.LENZ· (19xx) [SFb./EFb.]</bibl>
  </ref>
```

1993–2011: Digitalisierung, d. h. manuelle Übertragung der Einträge in TUSTEP

```
*********************
*A* HK 246, f246#1140.1 = feil0516.eck#48.1
*HL* F-eim:1
*QU* Gerolding, Lenz
*QDB* {6.1n02} Dunkelstn.Wd.:nöMostv.:nMostv.:öMostv.:Mostv.:NÖ
*@ FbB.LENZ· (19xx) [SFb./EFb.] *O* Gerolding in Gm.
Dunkelsteinerwd. NÖ
===
*NR* 52M20: schäumen, Syn.
*LT1* F~%))oã¡nm
*BD/LT1* Schaum
===
*NR/KT1* 52M20: schäumen, Syn.
*KT1* d' S%))oaf m-ƒochd an sch-ƒeň F%))oa¡nm *KL* Fg:A16U21
*ANMB* Tilde über $a¡nm$
*BD/KT1* die Seife macht einen schönen Schaum
*ZL/KT1* S-eife:1
*ZL/KT1* sch<ön:2;P
*********************
```

Seit 2016: Konvertierung der TUSTEP-Daten in XML/TEI-Format

Abb. 4: Überführung der Daten aus dem WBÖ-Hauptkatalog in eine TUSTEP-Datenbank bzw. in ein XML/TEI-Format.

die im 19. Jahrhundert von August Schleicher (1851, 40f.)[5] mehr als

Nebenbemerkung aufgestellt und in der bisherigen Forschung nie weiterverfolgt wurde. Es geht um die These, dass das Verb *geben* in der Funktion als sogenanntes „Positionierungsverb" (Verb des Stellens, Setzens, Legens) ein Produkt deutsch-tschechischen

Sprachkontakts darstellt. Beispiele für eine solche *geben*-Variante sind etwa Belege wie: „Am Samstag dürfen die Besucher in der Innenstadt die Kurzparkzone gratis benützen, müssen aber eine Parkscheibe hinter die Windschutzscheibe geben." (Die

---

5   Schleicher, August (1851): Über die wechselseitige Einwirkung von Böhmisch und Deutsch. In: Archiv für das Studium der neueren Sprachen und Literaturen 9, 38–42.

Presse, 8. 8. 2005, 9) Evidenzen für Schleichers These können aus den bereits angesprochenen Wenkermaterialien abgeleitet werden, und zwar aus dem Wenkersatz 3 („Thu Kohlen in den Ofen […]"), in dem *geben* in der besagten Funktion als Objektsbewegungsverb auftritt. Der Fokus liegt im Folgenden auf der Übersetzung des Positionierungsverbs *tun*, wie sie die Lehrpersonen für die Schul-

orte vorgenommen haben. In einem ersten Schritt der Datenaufbereitung haben wir knapp 5.700 Wenkerbögen als Volltext erfasst, sprich manuell in Textdaten überführt sowie strukturiert gespeichert. In einem zweiten Schritt wurde das Material mit Metadaten angereichert, zu denen insbesondere geographische Informationen zum Wenkerort, aber eben auch linguistische Klassifizierungen (ins-

besondere Verbtypen) gehören (siehe Abbildung 5).
Mithilfe des REDE-SprachGIS (www. regionalsprache.de) haben wir die Ergebnisse der Verbklassifizierungen kartographisch visualisiert. In Abbildung 6 sind die Auswertungen für das gesamte Wenker-Erhebungsgebiet einzusehen, von der dänischen Grenze im Norden bis hinunter nach Südtirol, unter Einschluss

Transliteration	Geog	GemID	Longitude	Latitude	POI-Name	Bogen	Verb-TYP
Dhue Kohlen in den Kachelan, det die Melk balde an zu kochene fangt.	45/37	124312	13,88034	52,28599	ALT STAHNSDORF	4608	1
Schmiet Kohle inne Owe, dat de Melk bol anfangt te koke.	71/54	541608	21,3698605	54,9295948	ALT SUSIMILKEN (TAF	1588	2
Tü Kohla en Öuwa, do die Melich balde zo kocha ofangt.	65/23	540730	18,9999999	49,82	ALT-BIELITZ (STARE B	17749	3
Do Köhl in de Kaff'lahm, dat de Melk bald an to kaken fankt.	27/51	114072	8,59403	54,51596	ALTE KIRCHE	46637	1
Do Köhl'n in'n Aben, dat de Melk bald an to kaken fangt.	27/47	113024	8,77311	53,82372	ALTENBRUCH	48247	1
Thu Koll en Ofä, doß die Mellich ball en zä kocha fängt.	33/27	137465	10,71167	50,55906	ALTENDAMBACH	12167	1
Thu Kulle in Ufe, dat d'Milch ball kocht.	34/27	137776	10,96068	50,56467	ALTENFELD	12184	0
Tua Kohln in Ofa eini, das d'Mülch bold soidad wird.	50/13	1649	15,06545	48,28211	ALTENMARKT	19257	12
Dooh Kohl iih daä Owe, da?z die Melch bahl ooh ?e koache faängt.	28/27	99217	9,38635	50,53509	ALTENSCHLIRF	28045	1
Thu Kohl'n in'n Ofa, daß d Milch bald an z'kocha fängt.	39/18	91348	12,30395	49,09295	ALTENTHANN	35046	1
...	/45	114688	8,82184	53,52681	ALTLUNEBERG	48497	2
...Kohle in de Offe, daß die Milich bald äfängt zu koche.	/20	131656	8,49951	49,30106	ALTLUSSHEIM	33849	2
...al unfongt za sia...			396	46,2777841	ALTREI (ANTERIVO)	46351	2
... Milch glich zu k...			469	49,07384	ALTVILLER	32855	3
...bal an ze bal an...			122	48,93023	ALTWILLER	36737	1
...siedat (afot sia...			685	46,45853	AM BACH	46104	0
...e Melke boll an t...			316	52,07973	AMMELOE	20144	1
...baale an zu ko...			661	51,42541	AMMENDORF	6400	1
...al z'kocha ofangt...			991	49,43993	AMMERTHAL	35382	3
Tua Kohrn in Ofa eini, das d'Müch bald zan Kocha			066	48,12448	AMSTETTEN	19154	6
Tui Kohln aufm Ofa, daß die Müli bold zum ?uidn			243	47,77548	ANDAU	42688	6
Duk Kohln in Uhm'm daaß de Melch bahl kocht.	34/30	138147	10,92555	51,08156	ANDISLEBEN	5553	0
Thua a Hoiz ahi an Ofa, das d'Milli baid ?iat.	41/10	90765	12,85562	47,8048	ANGER	42118	0
Lege Kohlen in den Ofen, dass die Milch bald zu kochen anfängt.	66/36	379507	19,53777	51,91948	ANIELIN SWEDOWSKI	55294	3
Schier un, daß Milch amo ?iad.	38/5	546299	12,1006218	46,8594702	ANTHOLZ (ANTERSEL\	46181	0
Tue Holz alegge, ass d'Milch bold chunt.	12/9	14921	7,94157	47,45097	ANWIL	44858	0
Tui nochschiern in Eoufa, doß die Mülli bold soidt.	57/10	5059	16,83099	47,74316	APETLON	42706	0
Dö Kööl ön de Kaghlaun, dat de Molk ball to köökin bigent.	26/53	109057	8,39404	54,87351	ARCHSUM	46888	3
Hoaz Kuin eini in Ofn, daß d'Müch boid anhebt zan Sian.	47/9	9576	14,36442	47,59107	ARDNING	20062	2

Abb. 5: Volltexterfassung von Wenkersatz 3 (Sample: 5.688 Wenkerbögen) und Metadatenanreicherung.

Volltexterfassung
Übertragung der handschriftlichen Originaldaten in „maschinenlesbares Format"

Metadatananreicherung
— Geodaten
— Linguistische Klassifizierungen
— ...

aller niederdeutschen, mitteldeutschen und oberdeutschen Dialekträume. Während Punktsymbole auf Verbvarianten in deutschsprachigen Wenkerbögen referieren, repräsentieren Dreiecke die Daten aus fremdsprachigen Wenkerbögen, die neben Polnisch seltener auch Tschechisch, Sorbisch, Französisch und andere Sprachen umfassen. Wie die Grafik recht deutlich offenlegt, dominiert in den deutschsprachigen Wenkerbögen eindeutig das Verb *tun* (graue Punktsymbole) in den Dialektübersetzungen der Lehrpersonen. Für die oben angesprochene Sprachkontaktthese sind aber gerade die farbigen Symbole in der Karte von besonderem Interesse, da sie allesamt für alternative Verbvarianten stehen. Für die Diskussion in diesem Beitrag sei lediglich auf die roten Punktsymbole verwiesen, die allesamt und ausschließlich in den deutschsprachigen Gebieten der ehemaligen Tschechoslowakei und vereinzelt in Österreich auftreten (siehe Abbildung 6). Abbildung 7 liefert einen vergrößerten Ausschnitt genau dieses Sprachkontaktraums, zu dessen Analyse nun alle dort verfügbaren Wenkerbögen (ca. 3.400) herangezogen wurden. Wie ersichtlich ist, bestätigt die „Tiefenbohrung" (Abbildung 7) das in

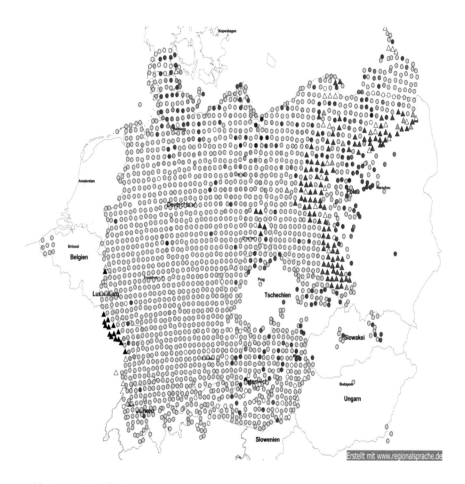

Abb. 6: Lexikalische Varianten zum Verb tun *im Wenkersatz 3 („Thu Kohlen in den Ofen […]") auf Basis von 2.316 Wenkerbögen (erstellt im REDE-SprachGIS „www.regionalsprache.de"; modifizierte Karte nach Lenz (et al.) (eingereicht), s. Fn. 4).*

[Punkte = deutschsprachige Varianten, Dreiecke = fremdsprachige Varianten; graue Punkte = Belege des Verbs tun; *rote Punkte = Belege des Verbs* geben*].*

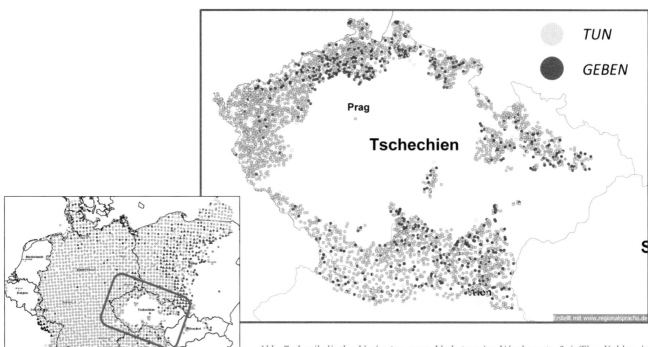

Abb. 7: Lexikalische Varianten zum Verb tun im Wenkersatz 3 („Thu Kohlen in den Ofen […]") auf Basis von 3.372 Wenkerbögen in den deutschsprachigen Regionen der ehemaligen Tschechoslowakei und im Norden Österreichs (erstellt im REDE-SprachGIS „www.regionalsprache.de"; modifizierte Karte nach Lenz (et al.) (eingereicht), s. Fn. 4).

der Gesamtkarte (Abbildung 6) bereits angedeutete Bild: Es zeigt sich eine Fülle von *geben*-Belegen, die gerade im tschechisch-deutschen Sprachkontaktraum auftreten. Dieser Befund kann als erste empirische Absicherung für die bereits im 19. Jahrhundert aufgestellte Sprachkontaktthese gedeutet werden. Und wir haben die Evidenzen mittels umfangreicher digital gestützter Analysen gewinnen können.

Dank digitaler Methoden und Werkzeuge sind wir heute in der Lage, quantitative und qualitative Analysen auf Basis großer Datenmengen (Sprachkorpora) effizient und kostensparend durchzuführen. Dabei kommen auch Verfahren der Korpuslinguistik und multivariaten Statistik zum Einsatz (z. B. Clusteranalysen, Varianzanalysen, Faktorenanalysen), die bei der Suche nach Ähnlichkeitsstrukturen (Mustern) und Gesetzmäßigkeiten in den Daten sowie bei der Gewichtung und Hierarchisierung von Steuerungsfaktoren helfen.

FORSCHUNGSDATEN PUBLIZIEREN

Schließlich und letztlich spielen digitale Zugänge zunehmend bei der Publikation sprachwissenschaftlich erhobener, aufbereiteter und analysierter Daten eine Rolle. Um den Mehrwert digitaler Zugänge bezüglich der Bereitstellung solcher Daten zu verdeutlichen, ziehe ich ein letztes Beispiel heran: Seit Dezember 2018 ist das „Lexikographische Informationssystem Österreich" (LIÖ) online, das wir im Rahmen des neu aufgestellten WBÖ-Langzeitprojekts konzipiert haben (https://lioe.dioe.at). Das Ziel des Informationssystems LIÖ ist eine Vernetzung und Präsentation von Sprachdaten und Wörterbuchartikeln zur Lexik Österreichs. Zu den aktuellen Komponenten des Informationssystems gehören erstens Artikel des

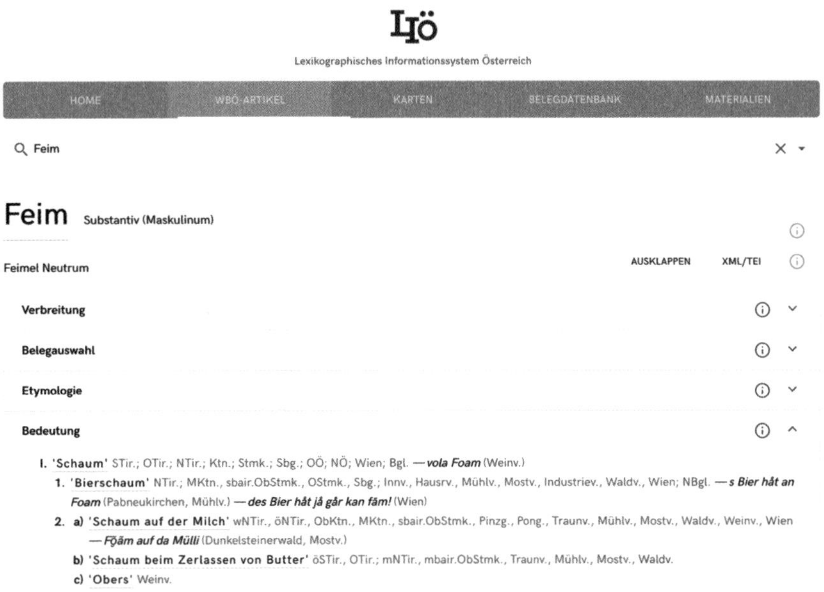

Abb. 8: Ausschnitt aus dem WBÖ-Artikel Feim (publiziert im „Lexikographischen Informationssystem Österreich" (LIÖ) „https://lioe.dioe.at").

neuen WBÖ, die sukzessive online gestellt werden. Zweitens enthält die Plattform Kartierungswerkzeuge, die es ermöglichen, Daten und Datenkomplexe kartographisch zu visualisieren, und drittens bietet das Informationssystem einen erstmaligen Zugang zur vollständigen WBÖ-Belegdatenbank. Abbildung 8 präsentiert einen Ausschnitt des neuen WBÖ-Artikels zum Lemma Feim, wobei in der „Normalansicht" zunächst nur das Bedeutungsfeld ausgeklappt ist. Alle weiteren Informationen zur Etymologie, zur Verbreitung, zur Lautvariation, zur Wortbildung und zu anderem können je nach Informationsbedarf ebenfalls angezeigt werden. Die Artikel sind direkt mit der WBÖ-Belegdatenbank verknüpft, sodass etwa über die Auswahl einer bestimmten Bedeutungsvariante im Artikel die Belege in der Datenbank angezeigt werden, die dieser Bedeutung zugrunde liegen. Unabhängig von den Wörterbuchartikeln ist die Datenbank mittels diverser Suchfunktionen durchsuchbar. Eine Belegauswahl ist dann mithilfe des LIÖ-Kartierungstools auch geographisch zu visualisieren, wobei verschiedene Grundkarten und Visualisierungsmöglichkeiten zur Verfügung stehen. Die LIÖ-Plattform wird im Laufe des WBÖ-Projekts sukzessive ausgebaut.

Wie hier nur skizzenhaft am Beispiel des „Lexikographischen Informationssystems Österreich" (LIÖ) illustriert werden konnte, beinhalten digitale Methoden und Werkzeuge vielfältige Möglichkeiten der auch dynamischen Datenpräsentation. Dies betrifft sowohl diverse Möglichkeiten der Visualisierung in Form von Diagrammen oder Karten bzw. generell auch die Visualisierung raumbezogener Informationen mittels Geographischer Informationssysteme, wie sie natürlich besonders in der Dialektologie und Areallinguistik eingesetzt werden. Online verfügbare Datenbanken mit verschiedenen Benutzeroberflächen, Such- und Filterfunktionen ermöglichen Zugänge zu individuellen Forschungsfragen. Nicht zuletzt fungieren sie als Mensch-Maschine-Schnittstellen.

ZUSAMMENFASSUNG UND AUSBLICK

Das Ziel des Beitrags war es, das Potenzial, das das Voranschreiten der Digitalisierung in den Geisteswissenschaften erzeugt, aus sprachwissenschaftlicher Perspektive zu verdeutlichen. Dazu wurden Beispiele herangezogen, die den Mehrwert digitaler Zugänge illustrieren können, und zwar den Mehrwert im Hinblick auf die Generierung und Erschließung, die Aufbereitung und Anreicherung, die Analyse und schließlich die Publikation sprachwissenschaftlich relevanter Daten. Sprachwissenschaft im 21. Jahrhundert ist eine Disziplin, deren auch digitale Ausrichtung wohl nur schwer wegzudenken ist. Vielleicht werden wir schon bald den Zeitpunkt erreichen, ab dem wir „digital" als Attribut insofern nicht explizit hinzufügen müssen, als es selbstverständlich sein wird, die digitalen Möglichkeiten in den sprachwissenschaftlichen Forschungsalltag zu integrieren. Meine Ausführungen hatten auch zum Ziel, deutlich zu machen, welche Brückenfunktion Digitale Sprachwissenschaft zwischen Fachtraditionen „früher" und „heute" übernehmen kann, indem nur digitale Zugänge die Sicherung und nachhaltige Bereitstellung von älteren Forschungsdaten und -ergebnissen gewährleisten. Die jüngeren zur Illustration herangezogenen Projekte stellen nur einen kleinen Ausschnitt der vielfältigen Forschung an der Forschungsabteilung „Variation und Wandel des Deutschen in Österreich" dar, deren Projekte allesamt im Bereich der Digitalen Sprachwissenschaft angesiedelt sind. In dieser Abteilung, aber natürlich erst recht am gesamten Austrian Centre for Digital Humanities der ÖAW wird eine Fülle von Forschungsprojekten mit digitalen Methoden und Werkzeugen durchgeführt bzw. unterstützt, vor allem Forschung an den verschiedenen ÖAW-Instituten, aber auch darüber hinaus (s. www.oeaw.ac.at / acdh /).

ALEXANDRA N. LENZ

Derzeitige Positionen

– Professorin für Germanistische Sprachwissenschaft an der Universität Wien
– Stellvertretende Direktorin des Austrian Centre for Digital Humanities (ACDH) der ÖAW

Arbeitsschwerpunkte

– Variationslinguistik, Soziolinguistik, Dialektologie
– Syntaktische Variation, Syntax-Semantik-Schnittstelle, Grammatikalisierung
– Lexikologie und Lexikographie, Pluriarealitätsforschung
– Kognitive Semantik (Frame-Semantik, Prototypentheorie), lexikalische Semantik
– Spracheinstellungsforschung, Perzeptionslinguistik
– Sprachgeschichte, Sprachwandelforschung
– Digital Humanities, Korpuslinguistik

Ausbildung

2005–2008	Juniorprofessorin für Germanistische Sprachwissenschaft mit dem Schwerpunkt „Sprachdynamik" an der Philipps-Universität Marburg
2002	Promotion zum Dr. phil. an der Philipps-Universität Marburg
1991–1997	Studium an der Johannes Gutenberg-Universität Mainz in den Fächern Germanistik, Mathematik und Romanistik

Werdegang

Seit 2019	Wirkliches Mitglied der philosophisch-historischen Klasse der ÖAW
Seit 2018	Stellvertretende Direktorin des Austrian Centre for Digital Humanities (ACDH) der Österreichischen Akademie der Wissenschaften
Seit 2016	Leiterin der Forschungsabteilung „Variation und Wandel des Deutschen in Österreich" am Austrian Centre for Digital Humanities (ACDH) der Österreichischen Akademie der Wissenschaften
Seit 2016	Sprecherin des SFB „Deutsch in Österreich. Variation – Kontakt – Perzeption" (FWF F060)
2008–2010	Associate/Adjunct Professor (Rosalind Franklin Fellow) an der Rijksuniversiteit Groningen (Niederlande)

Weitere Informationen zur Autorin sowie zur Liste der Veröffentlichungen finden Sie unter: https://www.univie.ac.at/germanistik/alexandra-n-lenz

HERAUSFORDERUNGEN DER INFORMATIK IM ZEITALTER DER DIGITALEN TRANSFORMATION*

IVONA BRANDIĆ

Ich bedanke mich bei der Akademie sehr für diese Einladung. In meinem heutigen Vortrag werde ich über die Herausforderungen der Informatik im Zeitalter der digitalen Transformation berichten.

Ich möchte mit einem Beispiel anfangen. Das, was wir hier sehen, ist ein Elektroauto. Dieses Elektroauto generiert sechs Gigabyte Daten in einer Stunde. Mein gesamtes Fotoalbum hat ungefähr so viel. Dieses Auto ist ausgestattet mit automatischem Bremssystem, automatischer Risiko-einschätzung, acht Kameras, Radar, vier Stufen der Autonomie. Um arbeiten zu können, sind 22 „Laptops" eingebaut, also 22 „MacBook Pro".

Was ich damit sagen will, ist, dass wir in der Geschichte der Informationsverarbeitung schon mehrere Wendepunkte hatten, beginnend in den 1950er-Jahren, in denen die ersten Mainframe-Computer entwickelt wurden. Dann kamen Desktop-Computer, Laptops, Smartphones, und jetzt befinden wir uns mitten in der digitalen Transformation, wo jedes Ding um uns herum eigentlich zum Computer wird. Also, jede Glühbirne, jeder Einkaufswagen, jede Jacke ist eigentlich ein Computer und kann Daten produzieren. Und alle diese Wendepunkte haben eines gemeinsam: einen extremen Anstieg in der Anzahl an Geräten und auch im Energieverbrauch. Das ist derzeit wirklich ein Problem, da alle diese Geräte konstant Strom brauchen und konstant Daten produzieren, die gespeichert und verarbeitet werden müssen. Und nicht nur die Geräte brauchen Strom: Sie müssen nämlich auch sinnvoll organisiert werden. Das bedeutet, wir brauchen Software oder Programme, heute sagt man modern „Algorithmen", um diese Geräte optimal zu betreiben.

In der Informatik hat bereits ein Paradigmenwechsel stattgefunden.

---

* Stilistisch leicht überarbeitete Transkription eines am 18. Jänner 2019 für die Gesamtsitzung der ÖAW frei gehaltenen Vortrags.

Man hat jahrzehntelang auf die Performanz hingearbeitet. Performanz war das Wichtigste. Mittlerweile geht es mehr um Effizienz. Performanz ja. Aber bitte effizient.

Was ist ein Algorithmus? Jedes Rezept, zum Beispiel ein Kochrezept, ist ein Algorithmus. Da sind genau Schritte vorgegeben, welche Zutaten man in welcher Menge vermischen muss, wie lange man backen muss – die einfachste Form eines Algorithmus. Das heißt, Algorithmen, sogenannte „Programme", gibt es überall.

Mit einem Algorithmus kann man aber auch eine Rakete auf den Mond schicken. Das hat man schon vor 50 Jahren getan. Das, was man hier sieht, ist ein Ausdruck von Margaret Hamilton. Sie hat den „Apollo Flight Code" programmiert. In den letzten 50 Jahren hat sich sehr viel in der Informatik getan. Da sind eigene Forschungsrichtungen entwickelt worden, die sich damit beschäftigen, solche Algorithmen zu optimieren oder zu verifizieren oder Zugriff auf Daten zu ermöglichen. Die Algorithmen haben generell eine gemeinsame Struktur. Das ist ein Beispiel für einen Algorithmus, das sind Schritte, die gemacht werden müssen, da gibt es Bedingungen, die erfüllt werden

oder auch nicht, da gibt es alternative Verläufe.

Was sich mit Blick auf die letzten 50 Jahren jedoch erkennen lässt, ist, dass diese Algorithmen nicht immer klar sind. Wir müssen sie erst erlernen. Es sind vielleicht einzelne Fragmente klar, aber wir müssen lernen, und zwar aus vorhandenen Daten, wie diese Fragmente verbunden werden sollen. Dafür benutzt man Metaalgorithmen, sogenanntes „Machine Learning". Es gibt sehr viele Anwendungen, bei denen nicht von Anfang an klar ist, wie etwas gemacht wird. Zum Beispiel muss ein intelligentes Verkehrssystem lernen, wie mit Unfällen umzugehen ist. Was sind da die alternativen Verläufe? Das weiß man nicht im Vorhinein. Oder „Smart Grid Transactive Energy Control", wo on demand zeitnah geschaut wird, dass in das Netz genug eingespeist wird und auch genug verbraucht wird. All diese Applikationen haben Charakteristiken, die fast überall vorkommen. Sie sind zeitkritisch, datenintensiv und in vielen Fällen verteilt, das heißt, man kann sie nicht auf einem Computer verarbeiten, sondern auf geographisch verteilten Computern, und sie haben eine nicht stationäre Datenverteilung.

Daraus folgt: Wenn ich einmal einen Algorithmus erlernt habe, wird er manchmal obsolet, weil sich die Datenverteilung verändert hat. Die Entscheidungen, die ich damit treffe, sind nicht gültig. Und das macht es unheimlich kompliziert, solche Algorithmen zu betreiben, weil sie sehr ressourcenintensiv sind. Es gibt Applikationen, auf die vielleicht nur zwei oder drei dieser Charakteristiken zutreffen. Es gibt Applikationen, bei denen drei Charakteristiken zusammentreffen. Dann wird es rechenintensiv. Und wenn vier zusammentreffen, dann wird es sehr rechenintensiv.

Was das für die Informatik mit sich bringt, habe ich in ein paar Zahlen zusammengefasst. Es wird erwartet, dass in ca. fünf Jahren Rechenzentren auf der ganzen Welt ca. ein Fünftel des Energiebedarfs ausmachen werden. Es gibt also einen massiven Anstieg. Und in der Informatik haben wir schon gelernt, Methoden und Tools zu entwickeln, wie man mit diesem steigenden Energiebedarf umgehen kann.

Ein Beispiel: Hier habe ich eine virtuelle Maschine kreiert. Eine virtuelle Maschine ist ein simulierter Computer auf einem anderen Computer. Das war eine kleine Revolution in der Informatik, weil man Daten und Programme von den physischen Entitäten entkoppelt hat, sie sind nicht mehr an Hardware gebunden. Ich kann dann mehrere virtuelle Maschinen starten, und das, was man im kleinen Rahmen machen kann, auf einem Laptop, kann man auch im großen Rahmen machen. Das nennt man Cloud-Computing. Das benutzt heute fast jede und jeder, unbewusst meistens, wenn man Fotos irgendwo uploadet.

Um es kurz zu erklären: In einer Cloud hat man einen Layer von physikalischen Maschinen, und auf diesem Layer von physikalischen Maschinen baut man sogenannte „virtuelle Maschinen". Der Vorteil ist jetzt, dass man diese virtuellen Maschinen über geographisch verteilte Rechenzentren verschieben kann. Ich schiebe Daten dorthin, wo ich grünen Strom habe, wo ich gute Bedingungen habe, um Daten zu verarbeiten.

Das ist mittlerweile State-of-the-Art-Technologie, die verwendet wird, um grüne und ökonomische Rechenzentren zu bauen. Ich möchte aber jetzt ein Beispiel zeigen, wo Cloud-Computing mir sehr wenig helfen kann. Dieser Film wurde mir von meinem Kollegen an der TU

Wien, Hannes Kaufmann, zur Verfügung gestellt. Er und sein Team beschäftigen sich mit Virtual Reality, mit der virtuelle Welten abgebildet werden können. Dabei handelt es sich um einen Multi-User-Mode. Das bedeutet, es gibt beispielsweise fünf Benutzer, die sich auf fünf verschiedenen Kontinenten befinden. Sie glauben aber, sie seien im selben Raum. Es können aber auch fünf Benutzer sein, die im gleichen Raum sind, aber glauben, sie seien auf fünf verschiedenen Kontinenten. Damit kann man viele Dinge machen. Die Feuerwehr kann etwa kritische Einsätze üben, oder Ärzte Operationen simulieren für Ärzte.

Mir geht es aber gar nicht so sehr um den Film. Was ich zeigen will, ist: Alle diese Benutzer tragen den Laptop auf dem Rücken. Der Grund ist, dass diese Sensoren, die auf ihrem Körper angebracht sind, Daten generieren. Diese Daten müssen sehr schnell verarbeitet werden, damit die Bilder auf diesen Brillen generiert werden können. Wenn das nicht schnell genug passiert, wird den Anwenderinnen und Anwendern schlecht. In der Informatik haben wir es also zunehmend mit Applikationen zu tun, die sehr zeitkritisch sind. Ich habe keine Zeit, Cloud-Computing zu benutzen.

Ein weiteres Beispiel. Ich weiß nicht, wer von Ihnen Streaming-Services oder Netflix benutzt. Hier sehen Sie eine Karte der Verteilung von Netflix-Servern. Auffällig ist, dass sich die meisten Server in urbanen Gegenden befinden, in Ballungsräumen, weil man Menschen diese Services mit hoher Qualität zur Verfügung stellen möchte. Diese Streaming-Services sind natürlich auch sehr zeitkritisch.

All diese zeitkritischen Applikationen haben bewirkt, dass sich die Art und Weise, wie Rechenzentren gebaut werden, massiv verändert hat. Das ist ein Rechenzentrum der TU Wien. Klassisch. Das ist eine Rechendatenfarm in Buffalo, New York. Sie sieht auch sehr schön aus, auf der grünen Wiese. Man kann sie auch sehr gut mit Strom versorgen. Das, was man hier sieht, ist auch ein Rechenzentrum, gebaut von Microsoft, ein Unterwasserrechenzentrum. Dort bekommt man die Kühlung gratis, wenn man das unter Wasser taucht, und man bekommt zusätzlich kurze Latenzzeiten, weil die Hälfte der Weltbevölkerung in Küstenregionen lebt. Das ist ein „Micro Data Center", das kann man überall installieren. Das ist ein Raspberry Pi, auch eine Art „First Hop Data Center", das Daten verarbeiten kann. Viele Firmen machen mittlerweile „High Latitude Data Centers". Das heißt, sie bauen Rechenzentren jenseits des 60. Breitengrades, weil dort Kühlung gar nicht benötigt wird, da es einfach immer kalt ist. Für Sie ist das eine Drohne, für mich ein fliegendes Rechenzentrum, weil das Gerät auch eine Festplatte hat und Daten verarbeiten kann. In der Informatik haben wir auch gelernt, mit den Abfallprodukten von Rechenzentren umzugehen. Hier zum Beispiel sieht man ein „Liquid Cooling Data Center". Es wird nicht mit Ventilatoren bei den CPUs gekühlt, sondern mit Flüssigkeit, meistens Öl. Abwärme in Form von Flüssigkeit wird dafür genutzt, um umgebende Gebäude zu beheizen. In Garching etwa ist der gesamte Komplex so beheizt. Was daraus jetzt entsteht, ist eine komplett neue Infrastruktur, wo wir ganz oben massive Rechenzentren haben und unten viele Applikationen, die entweder zeitkritisch sind oder sehr viele Daten produzieren, für die gar nicht die Zeit und die Bandbreite vorhanden sind, um sie zur Verarbeitung in massive Rechenzentren zu schicken.

Es entstehen also mittlerweile neue Paradigmen, wie Daten verarbeitet werden. In der Informatik ist es klassisch, dass die Daten in situ – bei der Enddestination – verarbeitet werden. Mittlerweile haben wir nicht die Zeit dafür. Die Daten werden somit „in transit" – auf dem Weg dorthin – verarbeitet, teilweise durch Router und Switches. Diese sind jedoch nicht leistungsfähig. Das heißt, es werden sogenannte Edge-Computing-Zentren installiert, Unterwasser-Rechenzentren, Raspberry Pis und Ähnliches.

Ich rede hier von vielen verschiedenen Applikationen, da gehören „Digital Humanities" definitiv auch dazu. Wir reden hier von selbst fahrenden Autos, Virtual Reality, Personalized Medicine, Robotern. Ich selbst beschäftige mich insbesondere mit diesem Bereich hier, um herauszufinden, wie solche Applikationen installiert werden müssen, damit die Userinnen und User bekommen, was sie brauchen. Kurze Latenzzeiten meistens. Der Ressourcenverbrauch soll trotzdem nicht komplett explodieren. In der Informatik gibt es grundsätzlich zwei Ansätze. Entweder man kann etwas sehr genau nachbilden, sehr exakt – dann benutzt man Mathematik. In diesem Fall arbeitet man mit Statistiken. Hier hat man nur Annäherungsverfahren. Um nur kurz zu beschreiben, was wir machen.

Hier ein Beispiel aus unserem FWF-START-Projekt. Wenn man eine „Hyper-Distributed Infrastructure" hat und eine Applikation, die auf 100 Computer verteilt ist, welche geographisch auch noch verteilt sind, sind Fehler keine Ausnahme. Fehler passieren regulär, jeden Tag, immer. Und die Fehler hängen voneinander ab. Wenn beispielsweise der Strom ausfällt, fällt die gesamte Infrastruktur aus. Wenn Accesspoints ausfallen, dann kann ich zwar immer noch die Daten verarbeiten, aber ich kann sie nicht verschicken. Wir versuchen, diese Abhängigkeiten zu extrahieren. Über die Zeitachse. Wir benutzen hier „Dynamic Bayesian Networks". Wir haben zum Beispiel Daten aus dem Los Alamos National Lab analysiert, mit 300 verschiedenen Fehlerarten, die in den letzten 20 Jahren gesammelt worden sind, oder auch die Skype-Supernodes, für all die Skype-Verbindungen. Dann kann man Interferenz herstellen, in beiden Richtungen. Ich kann herausfinden, wie wahrscheinlich ein Fehler ist. Ich kann aber auch herausfinden, was die Ursache für einen Fehler ist. Das Ziel ist es, die Applikationen so zu installieren, damit sie möglichst gut funktionieren, auch wenn Fehler passieren.

Die nächste Frage, mit der wir uns im START-Projekt beschäftigen, ist, wie man bestehende Telekommunikationsinfrastruktur mit diesen kleinen Edge-Data-Centern verbinden kann. Wir haben eine Methode entwickelt, die auf Monte-Carlo-Simulationen basiert, um eine Kapazitätsplanung zu ermöglichen, um zu schauen, wie viele solche kleine Edge-Data-Center es überhaupt braucht. Wir haben das zum Beispiel für Regionen in Leopoldstadt und in Hernals gemacht, und es wurde auch ein Vergleich mit dem Userverhalten angestellt. Mit solchen Simulationen kann man tatsächlich verschiedene Szenarien testen. Ich kann untersuchen, was passiert, wenn in Österreich plötzlich die Fußball-EM stattfindet, alle im Ernst-Happel-Stadion sind und verschiedene Fotos und Videos machen. Was muss man machen, damit da nicht alles zusammenbricht? Mit solchen Simulationen kann man dann also verschiedene Szenarien prüfen.

Ich möchte jetzt zum Schluss kommen. Was man aus diesem Vortrag mitnehmen soll: Bald werden wir Milliarden von Geräten haben, die wir betreiben müssen. Hybride Formen von Datenverarbeitung, wie zum Beispiel Edge-Computing, können eine Lösung bieten. Wir müssen mit konkurrierenden Prioritäten arbeiten: Qualität, Latenz, aber auch Providern und Profit. Die Firmen möchten auch Profit machen. Es wird wahrscheinlich zur Integration von verschiedenen Technologien kommen, Netzwerken, Clouds, 5G, 6G. Was auch immer entwickelt wird. Das Gute ist: Wir haben mittlerweile viele Daten, und aus diesen Daten kann man lernen, mit diesen Daten kann man verschiedene Szenarien testen. Vor zehn, 20 Jahren hätten wir diese Daten nicht gehabt. Heute haben wir sie. Das ist ein riesiger Vorteil.

Ich bedanke mich abschließend bei meinem Team. Alles, was ich heute präsentiert habe, ist das Ergebnis der Arbeit meines Teams. Und mein Dank gilt auch allen Funding-Agencys, die meine Forschung finanzieren. Ich hoffe, ich habe einen Einblick geben können in die Probleme, die wir in der Informatik haben, und auch einen Link für die Anwendungen in den „Digital Humanities".

IVONA BRANDIĆ

Derzeitige Position

– Professorin für Hochleistungsrechnersysteme am Institut für Informationssystemtechnik der Technischen Universität Wien

Arbeitsschwerpunkte

– Energie Effizienz in verteilten Systemen
– Virtualisierte HPC Systeme
– Cloud Computing

Ausbildung

2013	Venia Docendi für praktische Informatik an der Technischen Universität Wien
2007	Promotion zum Dr. rer soc. oec. an der Technischen Universität Wien
1998–2003	Studium der Wirtschaftsinformatik an der Universität Wien sowie an der Technischen Universität Wien

Werdegang

Seit 2016	Professorin für Hochleistungsrechnersysteme am Institut für Informationssystemtechnik der Technischen Universität Wien
Seit 2016	Mitglied der Jungen Akademie der ÖAW
2015	FWF START-Preis

Weitere Informationen zur Autorin finden Sie unter:
https://translate.google.com/translate?hl=de&sl=en&u=
http://www.ec.tuwien.ac.at/~ivona/&prev=search